BEI GRIN MACHT SICH IHR WISSEN BEZAHLT

Stefan Rudolf

Maskuline Gewaltdarstellung oder die Illustrierung eines Mythos? Die Männlichkeitsdarstellung in Frank Millers Werk „300"

GRIN Verlag

Bibliografische Information der Deutschen Nationalbibliothek:

Die Deutsche Bibliothek verzeichnet diese Publikation in der Deutschen National-
bibliografie; detaillierte bibliografische Daten sind im Internet über http://dnb.d-
nb.de/ abrufbar.

Dieses Werk sowie alle darin enthaltenen einzelnen Beiträge und Abbildungen
sind urheberrechtlich geschützt. Jede Verwertung, die nicht ausdrücklich vom
Urheberrechtsschutz zugelassen ist, bedarf der vorherigen Zustimmung des Verla-
ges. Das gilt insbesondere für Vervielfältigungen, Bearbeitungen, Übersetzungen,
Mikroverfilmungen, Auswertungen durch Datenbanken und für die Einspeicherung
und Verarbeitung in elektronische Systeme. Alle Rechte, auch die des auszugsweisen
Nachdrucks, der fotomechanischen Wiedergabe (einschließlich Mikrokopie) sowie
der Auswertung durch Datenbanken oder ähnliche Einrichtungen, vorbehalten.

Impressum:

Copyright © 2011 GRIN Verlag GmbH
Druck und Bindung: Books on Demand GmbH, Norderstedt Germany
ISBN: 978-3-656-04051-4

Dieses Buch bei GRIN:

http://www.grin.com/de/e-book/180829/maskuline-gewaltdarstellung-oder-die-
illustrierung-eines-mythos-die-maennlichkeitsdarstellung

GRIN - Your knowledge has value

Der GRIN Verlag publiziert seit 1998 wissenschaftliche Arbeiten von Studenten, Hochschullehrern und anderen Akademikern als eBook und gedrucktes Buch. Die Verlagswebsite www.grin.com ist die ideale Plattform zur Veröffentlichung von Hausarbeiten, Abschlussarbeiten, wissenschaftlichen Aufsätzen, Dissertationen und Fachbüchern.

Besuchen Sie uns im Internet:

http://www.grin.com/

http://www.facebook.com/grincom

http://www.twitter.com/grin_com

Universität Potsdam
Seminar: Krieg im Comic.
Student: Stefan Rudolf
Fachsemester: 4

Essay:

Maskuline Gewaltdarstellung oder die Illustrierung eines Mythos? Die Männlichkeitsdarstellung in Frank Millers Werk „300".

„*We march. From dear Lakonia – from sacred Sparta – we march. For honour's sake – for glory's sake – we march.*"[1] Mit diesen Worten eröffnet Frank Miller seinen Comic und zeichnet schon von Anfang an ein düsteres und martialisches Bild von dunklen muskulösen Gestalten, die in den Krieg ziehen. Das Werk von Miller basiert im Wesentlichen auf der Thermopylen-Schlacht, die in Herodots „Büchern der Geschichte" geschildert wird. Dabei dienen die mit einem bedeutenden Mythos belegten Kampfhandlungen zwischen den Persern und Spartanern bei den Thermopylen als grobe Rahmenhandlung für die Erzählung, die vom spartanischen König Leonidas und seinen 300 Mitstreitern gegen die persische Invasion handelt. Um die Handlung nachvollziehen zu können ist es notwendig, einen kurzen Überblick über Herodots Geschichte zu geben.

Herodot, der auch als Vater der Geschichtsschreibung bezeichnet wird, beschreibt in seinem Werk die Perser als Barbaren, was aber zur damaligen Zeit, also um 480 v.u.Z., ein wertneutraler Begriff für alle nicht-hellenischen Völkerschaften war. Die riesige Übermacht der persi-

---

[1] Da im Comic keine Seitenangaben existieren, wird das Kapitel genannt, in dem das Zitat zu finden ist. In diesem Falle ist die Textpassage in Kapitel eins „Honour" im Werk „300" zu finden.

schen Truppen erreichte die Zahl von 1,7 Millionen Mann. Die Gegenseite, wozu Sparta mit seinen 300 Soldaten und die hellenischen Verbündete wie z.b. Thespier, Phoker oder Böotier gehörten, erreichten lediglich eine Stärke von weniger als 10.000. Diese Zahlen sind sehr fragwürdig und stellen eher eine Übertreibung der Heeresmacht des persischen Großkönigs Xerxes dar.

Die Übermacht der Perser wird jedoch im Engpass bei den Thermopylen bedeutungslos, da sie nicht in Schlachtordnung aufmarschieren können. Der bewunderte Führer des hellenischen Gesamtheeres – Leonidas – ruft angesichts der großen Bedrohung durch die feindliche Macht die Hellenen dazu auf, nicht vom Pass abzuziehen, sondern stattdessen Boten auszuschicken, die Hilfstruppen anfordern sollen.

Dadurch werden in der Person des Königs Werte wie Mut, Entschlossenheit und energisches Vorgehen vermittelt, die ihre Zuspitzung in der Aussage von Herodot finden, dass *„sie sich vorbereiteten zu kämpfen, entschlossen zu fallen und nach Möglichkeit die Feinde zu vernichten.“*[2] Hierbei werden Todesverachtung und Opferbereitschaft unkritisch glorifiziert, wobei sich im Verlauf der Geschichte immer stärker der Typus eines emotional und physisch abgehärteten Kriegers oder Mannes abzeichnet, der sich ohne Zweifel für das Wohl der Gemeinschaft aufopfert.

Ein Hellene im Lager der Perser prophezeit dem Großkönig Xerxes, dass wenn er die Spartaner bei Thermopylai und Lakedaimon vernichten würde, es kein Volk mehr wagen würde ihm zu trotzen und Widerstand zu leisten. Allerdings wurde der erste Angriff von den Spartanern abgewehrt, sodass Herodot zu dem Urteil kam, dass die persischen Truppen zwar viele Menschen, aber nur wenige Männer aufweisen würden, was eine Erniedrigung der Streitmacht von Xerxes bedeutet. Eine starke Wertung wird auch im folgenden Satz deutlich: *„Die Lakedaimonier* [die Spartaner; d. Verf.] *aber lieferten einen rühmlichen Kampf, wobei sie klar erwiesen, daß sie tapfer zu kämpfen verstanden, während bei ihren Gegner dies nicht der Fall war.“*[3] Somit wird die Qualität des spartanischen Heeres betont und die Quantität des Feindes relativiert.

Nur der Verrat des Ephialtes' ermöglicht es den Perser hinter die spartanische Verteidigungsstellung zu gelangen, sodass diese vor die Wahl gestellt werden, weiterzukämpfen oder abzuziehen. Mehrere hellenische Verbündete treten den Rückzug an, jedoch verbleiben die Spartaner am Pass, was Standfestigkeit und Ehrenhaftigkeit symbolisieren soll, denn ein Abzug wäre für diese unehrenhaft. An dieser Stelle heroisiert Herodot das aus militärischer Sicht

---

[2] Halikarnassos, Herodot von: *Die Bücher der Geschichte VII-IX (Auswahl). Übertragung, Einleitung und Anmerkungen von Walther Sontheimer.* Stuttgart 1974, S. 53.
[3] Herodot, a.a.O., S. 54f.

selbstmörderische Handeln des Leonidas, indem er meint: *„Dadurch aber, daß er* [Leonidas; d. Verf.] *hier ausharrte, hat er sich bei der Nachwelt großen Ruhm erworben, und Spartas Glück wurde dadurch nicht ausgelöscht."*[4]

Anders jedoch als im Comic „300" bleiben die Arkadier an der Seite der Spartaner und kämpfen mit ihnen bis zum Ende einen aussichtslosen Kampf, da sie keinesfalls ihren Bundesgenossen allein in der Schlacht gegen die Perser kämpfen lassen wollen. Das letzte Aufgebot der spartanischen Truppen rückt im Bewusstsein des nahenden sicheren Todes gegen die persischen Einheiten vor, was ihre Tollkühnheit, ihre Aufopferung und ihren Mut beweisen soll. Am Ende der Schlacht entbrennt ein Kampf um den Leichnam des Spartanerkönigs Leonidas, in welchem die Perser viermal zurückgeschlagen werden, was ebenfalls nicht Eingang in den Comic gefunden hat.

In Herodots Erzählung werden männlich konnotierte Eigenschaften wie Mut, Entschlossenheit, Todesverachtung, Opferbereitschaft, Tapferkeit, Standfestigkeit, Ehrenhaftigkeit, Tollkühnheit und Aufopferung suggeriert. Im weiteren Verlauf der Arbeit soll untersucht werden, ob diese Charaktereigenschaften im Comic „300" ähnlich stark hervorstechen oder sogar im Einklang mit der Geschichte Herodots über die Schlacht bei den Thermopylen stehen.

In Millers Werk wirken die Spartiaten, also die Kriegerelite Spartas, von ihrem äußeren Erscheinungsbild her sehr bedrohlich. Ihre muskulösen und durchtrainierten Körper werden bewusst nur von einer spärlichen Kriegsrüstung geschützt, wozu ein Rundschild, ein Metallhelm und eine Unterarm- und Schienbeinpanzerung gehören. Als Waffen dienen den Spartiaten ein Speer für den Kampf in der Phalanx und ein Kurzschwert für den Nahkampf. Des Weiteren fällt der rote Umhang auf, der seinen Träger nur spärlich vor Kälte schützt. Die Spartiaten marschieren als geschlossene Einheit, sie tragen alle die gleiche Ausrüstung und Bewaffnung. Dies verleiht ihnen die Aura eines Männerbundes in dem Gleiche unter Gleichen kämpfen. Allerdings existiert unter den Kriegern eine militärische Rangordnung an deren Spitze König Leonidas steht. Ihm untergeordnet ist der Heerführer Stelios, der als Bindeglied zwischen dem Anführer und seiner Gefolgschaft gesehen werden kann.

Zu Beginn lässt Miller den Spartiaten Dilios am Lagerfeuer eine Geschichte aus der Jugend des Königs erzählen. Dieser wurde als Kind in der Wildnis ausgesetzt und musste mehrere Tage lang im Winter auf sich allein gestellt, mit einem dünnen Holzspeer bewaffnet und nur mit Lendenschurz bekleidet überleben. Seine Aufgabe war es, in der Wildnis zu überleben

---

[4] Herodot, a.a.O., S. 58.

und als König nach Sparta zurückzukehren oder zu sterben. Ein Wolf indessen nimmt die Witterung auf und sieht den Jungen als leichte Beute an. Dieser jedoch wendet der Bestie seinen Rücken zu und zeigt keine Anzeichen von Angst. Er lockt den Wolf mit großer Gelassenheit zwischen zwei Felswände, wo dieser steckenbleibt, nimmt dann seinen Speer und tötet die Bestie. Anschließend kehrt er mit dem Fell und dem Kopf des Wolfes nach Sparta zurück und erhält Ruhm und Anerkennung für seine Tat von den Bürgern der Stadt.

Diese Szene im Comic suggeriert dem Leser, dass der Jugend Spartas Werte wie Mut, Selbstständigkeit, Härte und Todesverachtung vermittelt wurden. Um in die Gemeinschaft der Erwachsenen aufgenommen zu werden, muss der Junge sich erst bewähren und beweisen, dass er zu wahrer Männlichkeit berufen ist und diese auch vorlebt. Im späteren Verlauf der Geschichte wird dann der persische König Xerxes bzw. dessen Heer bildlich mit dem Wolf gleichgesetzt, was den Kampf um Leben und Tod, um Ruhm oder Ehrlosigkeit, den der König als Kind ausfochten musste, erneut bestehen muss. Somit zieht sich quasi eine Kontinuitätslinie durch das Leben eines jeden Spartiaten. In dem Streben nach Ruhm muss er den Tod als Mittel dazu billigen und seine Ehre bzw. Werte stehen selbst über dem Leben. Dieser Ehrenkodex gleicht einer Kriegerkaste, die ihren eigenen Werten und Idealen verpflichtet ist und sich dadurch bewusst von der Zivilgesellschaft abschottet.

Die Gegner der Spartaner im Comic – die Perser – werden als fremdartig und sich grundlegend von der spartanischen Kultur unterscheidend dargestellt. Sie tragen viel Goldschmuck, der ihren Reichtum nach außen repräsentieren soll. Dieser dient ihnen auch dazu, die spartanischen Priester zu bestechen und somit den Abmarsch des gesamten Heeres der Spartaner gegen Xerxes zu verhindern, sodass lediglich Leonidas mit einer 300 Mann starken Leibwache in den Kampf zieht. Dadurch werden den Persern Attribute wie Hinterlist, Tücke und Ehrlosigkeit verliehen. Auch in ihrer Kampfesweise unterscheiden sich die persischen Gegner von den Spartiaten. Die Soldaten unter Xerxes sind vielmehr Sklaven eines Tyrannen, der sie durch Peitschenhiebe vorantreiben lässt. Die Angriffstaktik der Perser entspricht eher dem Ansturm einer menschlichen Welle, die im Gegensatz zu Leonidas' Truppe nicht straff diszipliniert in einer Phalanx kämpft.

Des Weiteren erwarten die Spartaner mit förmlich mit Freude den Ansturm auf den Thermopylen-Pass. Die exotisch wirkenden persischen Schlachtformationen prallen auf die übermenschlich stark wirkenden spartanischen Soldaten, die ein Blutbad unter den Persern anrichten und zeitweilig den Massenansturm aufhalten können. Die persische Armee setzt eine Vielzahl an Bogenschützen ein, die die spartanischen Soldaten mit einem Pfeilhagel belegen.

De facto wird Xerxes' Armee als ehrlose Streitmacht dargestellt, die verzweifelt versucht, den Thermopylen-Pass gegen die Minderheit der Spartiaten einzunehmen. Die persische Heeresorganisation, in der der Einzelne nichts bedeutet, die Fernkampfweise der Bogenschützen und das in den Kampf peitschen der Soldaten stehen im starken Kontrast zu den Spartanern, die freiwillig und mit Kampfeslust in die Schlacht ziehen, wobei eine egalitäre Wertigkeit unter den Kriegern herrscht. Zudem wird im Comic durch die konträre Darstellung der spartanischen und persischen Zivilisation der Kampf zweier Kulturen konstruiert, nämlich zwischen dem Orient und dem Okzident.

Dies hat ein gewissen Endkampfcharakter, da die Spartaner als letzte Bastion des freien Griechenlands gegen das unterjochende Perserreich dargestellt werden. Bedenkt man, dass es 480 v.u.Z. keine griechische Nation gab und die hellenischen Stadtstaaten untereinander verfeindet waren, so wurde von Miller bewusst der Kampf zwischen der freien und der versklavten Welt in überspitzer Form präsentiert. An dieser Stelle wird der gesellschaftliche Einfluss auf „300" deutlich. Im Werk des US-amerikanischen Politikwissenschaftlers Samuel P. Huntington „The Clash of Civilizations" wird eine Bedrohung des Westens durch den Islam bzw. durch den Orient konstruiert und prognostiziert. Dabei stehe der Westen mit seinen christlichen Wurzeln dem Islam mit seinen angeblichen intoleranten und autoritären Werten gegenüber.[5] Da die US-Amerikaner sich selbst als Verteidiger der freien Welt betrachten, ist es kaum zu verwundern, dass dieses Bild eines kulturspezifischen Gegensatzes ihre Berücksichtigung in Millers Comic fand.

Dieser kulturelle Antagonismus spiegelt sich auch im dekadenten Lebensstil des persischen Großkönigs wider. Geschmückt mit unzähligen goldenen Schmuckelementen wird er auf einem prunkvollen Podest getragen, das auf den Schultern einer Vielzahl von Sklaven lastet. Fernab vom Kampfgeschehen schickt er Einheit um Einheit in den Kampf gegen die Spartiaten und nimmt nicht selbst das Schwert in die Hand. Als Strafe für die Erfolglosigkeit seiner Generäle lässt er diese köpfen. Hier dominiert also das Bild eines tyrannischen Herrschers, der einem Menschenleben keinen Wert beimisst und sich selbst als Gott betrachtet. Somit widerspricht er allen Wertvorstellungen, die den Spartanerkönig Leonidas auszeichnen. Dieser kämpft zusammen mit seinen Untergebenen gegen dein Feind und steht an der Spitze der Phalanx. Des Weiteren pflegen die Spartiaten einen sehr entbehrungsreichen Lebensstil, der sie für die Schlacht abhärtet. Leonidas spricht seine Soldaten mit „Kinder" an und wirkt somit

---

[5] Passim Huntington, Samuel Phillips.: *The Clash of Civilizations and the Remaking of World Order.* New York 1996.

nicht als reiner Herrscher, sondern auch als Vaterfigur, der um das Wohl seiner Gefolgschaft besorgt ist.

Im Verlauf der Geschichte um die 300 Spartiaten erscheint die Figur des Ephialtes. Dieser ist ein missgebildeter Ausgestoßener Spartas, den seine Eltern als Kind vor dem Tod durch Flucht vor den Priestern retteten. Denn nur gesunde und der Norm entsprechende Neugeborene wurden nicht getötet. Der dysmorph gestaltete Ephialtes bildet den optischen Gegensatz zu den Spartiaten. Diese bestechen durch einen straffen muskulösen Körperbau und strotzen vor Gesundheit und Vitalität, während Ephialtes zwar die Kleidung eines spartanischen Kriegers trägt, aber an einem Buckel und einem verkümmerten linken Arm leidet. Sein Gesicht ist durch verschiedenartig große Augen entstellt und er folgt den Spartanern die ganze Zeit allein auf ihrem Weg zu den Thermopylen. Er bietet dem Spartanerkönig seine Dienste als Krieger gegen die Perser an, doch dieser lehnt sein Angebot ab, da Ephialtes ungeeignet für den Kampf in der Phalanx wäre. Seine Behinderung würde das Leben seiner Nebenmänner gefährden, weshalb er ein Risiko für den Zusammenhalt der Formation darstelle. Somit wird Ephialtes der Zugang zur Kriegerkaste der Spartaner verweigert, da er nicht über die körperlichen Grundvoraussetzungen verfügt. Hierbei wird auch das spartanische Männlichkeitsbild deutlich, in dem die Schwachen und Kranken keinen Platz haben und der Spartiat als physisches und mentales Ideal fungiert. Die Zurschaustellung der Brust ohne Panzer, die es in Wirklichkeit nicht gab, und die spärliche Schutzausrüstung dienen der Verbildlichung und Repräsentanz von Stärke, Härte und Kampfeslust, welche mit dem kränklichen Ephialtes und den stark geschützten Persern kontrastiert.

Das weibliche Geschlecht spielt im Comic keine bedeutende Rolle. Lediglich eine einzige Frau erscheint als selbstständiger Charakter, nämlich die spartanische Königin. Sie strahlt Standhaftigkeit, Disziplin und Gefühlskälte nach außen aus. Sie ergänzt somit das dargestellte Bild von Männlichkeit in „300" und bestärkt ihren Gemahl Leonidas noch darin, keine Schwäche zu zeigen und unerschrocken in den Krieg zu ziehen. Als sich Leonidas mit seiner Leibwache nach Norden zum Thermopylen-Pass aufmachen will, ruft ihm seine Frau zu: „*Spartan!* [...] *Come back with your shield or on it*"[6]. In dieser Aussage wird eine bedeutende Wertvorstellung der spartanischen Gesellschaft sehr deutlich: Ehre. Entweder soll der König ruhm- und siegreich nach Sparta mit seinem Schild zurückkehren oder im Falle der Niederlage tot auf seinem Schild, getragenen von seinen Mitstreitern. Ein Überleben im Falle der Nie-

---

[6] Miller, Frank: 300. Milwaukie 1999, Kapitel zwei „Duty".

derlage wird ausgeschlossen, da dieses zu Ehrlosigkeit, Ansehens- und Prestigeverlust führen würde.

Welches Selbstverständnis die Spartaner im Vergleich zu anderen hellenischen Gruppen besitzen und welches geschlossenes Gesellschaftssystem charakteristisch für sie ist, wird bei der Zusammenkunft mit den Arkadiern deutlich. Diese sind ein Stamm der Bauern und Handwerker und besitzen keine eigene Kriegerkaste. Die Spartiaten sehen sie als minderwertige Kampfgefährten an, die eine geringe Unterstützung in der Schlacht darstellen. Dies gipfelt in der Frage von Leonidas an einzelne Soldaten der Arkadier, welchen Beruf sie ausüben würden. Diese geben Bäcker, Töpfer, Bildhauer und Schmied an, was gewöhnlichen zivilgesellschaftlichen Berufen entspricht. Die Spartaner hingegen präsentieren ihre Waffen in Form von Speeren als sie nach ihrer Arbeit gefragt werden, woraufhin der arkadische Anführer Daxos die Unterlegenheit seiner Truppen zähneknirschend zugibt. Hierbei wird die Privilegierung des Militärischen gegenüber dem Zivilen deutlich. Die Spartiaten betrachten sich selbst als reine Krieger, die in der Vorbereitung auf die Schlacht ihre Lebenserfüllung sehen, während hingegen die Arkadier normalen Arbeiten nachgehen und nur im Ausnahmefall zu den Waffen greifen.

Die Schlussszene von „300" lässt den Kriegspathos und das Heldentum des Comics auf seinem Höhepunkt erscheinen. Von allen Seiten umzingelt von persischen Gardetruppen und Bogenschützen stellt Xerxes Leonidas vor die Wahl, sich ihm zu unterwerfen oder im Falle der Ablehnung zu sterben. An dieser Stelle muss der Hauptcharakter die Entscheidung treffen, ob er für die Werte, für die er gekämpft hat, auch bereit ist zu sterben, was auch die Opferung seiner Gefolgschaft bedeuten würde. Hierbei wird eine Rückblende zur Anfangsszene mit dem Wolf vorgenommen, um den simplen aber unbarmherzigen Kampf um Leben und Tod zu versinnbildlichen.

Letztendlich entscheidet sich der Spartanerkönig Leonidas für den Tod zum Wohle seines Landes. Somit erfüllt sich sein Schicksal, auf das er von Kindheit an vorbereitet wurde: das glorreiche Fallen in der Schlacht gegen seine Feinde. Hier werden also Werte wie Standhaftigkeit, Mut und Todesverachtung glorifiziert, die noch einmal die Überlegenheit der spartanischen Wertvorstellungen verdeutlichen sollen. Die Spartiaten waren in geringer Anzahl und mit bescheidener Unterstützung anderer hellenischer Stadtstaaten angetreten, um den Vormarsch des persischen Heeres aufzuhalten. Dies gelang ihnen zwar nur kurze Zeit lang, dafür bescherten sie ihrem Gegner große Verluste, die in keinem Verhältnis zu der Zahl an eigenen Gefallenen stand. Damit wird suggeriert, das ein starker Kampfeswille in der Schlacht bedeutender ist als eine militärische Übermacht. Dies entspräche einem Kampf zwischen einem qualitativ überlegenem Heer und einer quantitativ besseren Armee. Im weiteren Verlauf dient der Heldentod der 300 Spartiaten als Ansporn und Motivation für die spartanische Streitkraft, die in ihrer Heimatstadt verblieben ist. Der Krieg gegen Xerxes Truppen steht nun auf einer breiteren moralischen Grundlage, denn die am Thermopylen-Pass Gefallenen geben nun ein Beispiel für wahres Heldentum und Opferbereitschaft ab. Dies nimmt Dilios, der die Geschichte der 300 am Lagerfeuer erzählt, als Anlass, um die restlichen spartanischen Truppen zu Geschlossenheit und Eintracht aufzurufen, da Zwietracht und Rivalitäten unter den Griechen dem Gegner erst den Einmarsch in Hellas ermöglicht hätte. De facto wird hier das Bild einer heroischen Gesellschaftsordnung deutlich, in der Werte durch Heldenepen tradiert werden.

In summa wird in „300" ein Bild von Männlichkeit vermittelt, welches stark an archaische Werte wie Ehre, Mut und Vaterlandsliebe angelehnt ist. Diese dienen den Spartiaten als moralisches Schild gegen ihre Feinde. Die spartanische Gesellschaft ist Fremden gegenüber verschlossen und praktiziert einen unreflektierten Kult um die Gewalt. Die Spartiaten bilden als Kriegerkaste das Fundament des spartanischen Staatswesens und sind sein stärkster Schutz gegen äußere Feinde.

Die Kriegerelite Spartas stellt den Krieg und Gewalt als heldenhaftes Tat dar, in dem der Tod im Kampf die höchste Auszeichnung und Lebenserfüllung ist. Dem Wohle der eigenen Stadt wird jedes Menschenleben untergeordnet. Die Homogenität der spartanischen Gesellschaft erinnert an den Aufbau faschistoider Gesellschaftssysteme, in denen Männlichkeitskult und Kriegermentalität gepflegt und praktiziert wurden. Millers Werk faschistoide Tendenzen zu unterstellen würde jedoch zu kurz greifen. Die Darstellung der Thermopylen-Schlacht erfolgt aus Sicht der an den Kampfhandlungen beteiligten spartanischen Krieger. Ihre auf Kampf- und Opferbereitschaft beruhenden Werte erscheinen einer modernen demokratischen Gesellschaft befremdlich, entsprechen jedoch denen einer archaischen Kultur, die vor ca. 2.500 Jahren existierte.

Der hochstilisierte Kampf zwischen dem Orient und dem Okzident im Comic suggeriert dem Leser eine Überlegenheit westlicher Kulturwerte gegenüber dem expansionistischen versklavenden Perserreich. De facto schuf Frank Miller mit seinem Werk „300" eine moderne Interpretation des Mythos', der sich um die verklärte Schlacht an den Thermopylen bildete. Dabei flossen verschiedene moderne Einflüsse in den Comic ein, wie z.B. der Kampf zwischen der östlichen und der westlichen Zivilisation. In groben Zügen hielt „300" an der Rahmenhandlung der Geschichte von Herodot fest und zeigt mit Hilfe des Unterhaltungsmittels Comic den mythenumwobenen Kampf Spartas gegen Xerxes' Streitmacht. Dies gelingt durch die Darstellung von finsteren und gewaltreichen Szenen, die eine ungeschönte, aber auch unreflektierte Geschichte erzählen. Millers Werk vermittelt dem Leser die gleichen Werte wie Herodots „Bücher der Geschichte". Männlichkeit wird hier ebenso assoziiert mit Todesverachtung, Mut, Opferbereitschaft, Kampfeslust und Vaterlandsliebe und steht somit in Kontinuität zu altertümlichen Heldengeschichten.

Verwendete Literatur

Halikarnassos, Herodot von: *Die Bücher der Geschichte VII-IX (Auswahl). Übertragung, Einleitung und Anmerkungen von Walther Sontheimer.* Stuttgart 1974.

Miller, Frank: *300.* Milwaukie 1999.